¿Quién fue Marco Polo?

Por Joan Holub

Ilustrado por John O'Brien

Traducido del inglés por Angelina García

3 1336 09402 8090

Grosset & Dunlap

An Imprint of Penguin Group (USA) Inc.

Para George Hallowell,
quien hace que viajar sea divertido—JH

Para Linda—JOB

GROSSET & DUNLAP
Published by the Penguin Group
Penguin Group (USA) Inc., 375 Hudson Street, New York, New York 10014, USA
Penguin Group (Canada), 90 Eglinton Avenue East, Suite 700,
Toronto, Ontario M4P 2Y3, Canada (a division of Pearson Penguin Canada Inc.)
Penguin Books Ltd., 80 Strand, London WC2R 0RL, England
Penguin Group Ireland, 25 St. Stephen's Green, Dublin 2, Ireland
(a division of Penguin Books Ltd.)
Penguin Group (Australia), 250 Camberwell Road, Camberwell, Victoria 3124, Australia
(a division of Pearson Australia Group Pty. Ltd.)
Penguin Books India Pvt. Ltd., 11 Community Centre,
Panchsheel Park, New Delhi—110 017, India
Penguin Group (NZ), 67 Apollo Drive, Rosedale, Auckland 0632, New Zealand
(a division of Pearson New Zealand Ltd.)
Penguin Books (South Africa) (Pty.) Ltd., 24 Sturdee Avenue,
Rosebank, Johannesburg 2196, South Africa

Penguin Books Ltd., Registered Offices: 80 Strand, London WC2R 0RL, England

Spanish translation by Angelina García.

Spanish translation copyright © 2012 by Penguin Group (USA) Inc. Text copyright © 2007
by Joan Holub. Illustrations copyright © 2007 by John O'Brien. Cover illustration copyright
© 2007 by Nancy Harrison. All rights reserved. Spanish edition published in 2012
by Grosset & Dunlap, a division of Penguin Young Readers Group, 345 Hudson Street,
New York, New York 10014. GROSSET & DUNLAP is a trademark of
Penguin Group (USA) Inc. Printed in the U.S.A.

The Library of Congress has catalogued the original English edition under the following
Control Number: 2006038243

ISBN 978-0-448-46174-8   10 9 8 7 6 5 4 3 2 1

ALWAYS LEARNING   PEARSON

Contenido

¿Quién fue Marco Polo?

MARCO POLO

Marco Polo vivió en Venecia, Italia, hace más de setecientos cincuenta años. En aquel entonces, en el siglo XII, la mayoría de la gente pasaba toda su vida en el mismo lugar donde había nacido. Pero no Marco. Él hizo un viaje de once mil kilómetros de ida y vuelta a China y se convirtió en el viajero más famoso de Europa. No sólo porque hizo un viaje tan largo y peligroso (casi nadie en Europa había hecho esto en esos tiempos), sino porque escribió un libro sobre su aventura.

Al igual que su padre y su tío, Marco era comerciante. Los Polo querían ir a Asia para traer de vuelta seda, especias y otras mercancías costosas para venderlas en Europa. Marco era adolescente cuando fue a China y ¡no regresó a Italia en veinticuatro años!

El gobernante de China se llamaba Kublai Kan. A él le caía bien Marco y lo envió a los países vecinos a espiar. Marco tomó notas sobre los lugares que vio y las costumbres de la gente que conoció. Después utilizó estas notas para escribir un libro sobre sus viajes.

La manera en que muchos europeos aprendieron sobre Asia fue leyendo su libro.

Doscientos años más tarde, exploradores como Cristóbal Colón y Vasco da Gama leyeron el libro de Marco. Les despertó el deseo de llegar también a Asia. Pero tenían la esperanza de encontrar una ruta más fácil.

CRISTÓBAL COLÓN

¿Era verdad todo lo que decía el libro de Marco? Los historiadores creen que exageró aquí y allá; algunos incluso piensan que nunca fue a China. Sin embargo, su libro lo hizo famoso en todo el mundo.

¿Cuál es la verdadera historia de Marco Polo?

Capítulo 1
Una familia de comerciantes

Dos cosas hicieron que el año 1254 fuera importante en la vida de Marco Polo. En primer lugar, fue el año en que nació. Y en segundo lugar, fue el año en que su padre, quien se llamaba Niccolò, y su tío Maffeo, salieron de Venecia en un viaje comercial a Asia. El padre de Marco estuvo lejos tanto tiempo, que ¡Marco tenía quince años cuando se conocieron por primera vez!

Poco después de nacer Marco, su madre murió. Lo mandaron a vivir con unos parientes. Cuando era niño no pasaba mucho tiempo en la escuela. En vez, su familia le enseñó cosas que necesitaba saber para convertirse en un comerciante.

Por ejemplo, los venecianos usaban monedas como los grossos de plata y los ducados de oro.

UNA CASA EN VENECIA

Marco necesitaba saber cómo pesar las monedas correctamente.

Los venecianos tenían su propio sistema de medición que se basaba en el uso de sus manos y pies. Por ejemplo, una palma de la mano

equivalía más o menos a nueve y media pulgadas. La ropa se habría medido en palmas. Otros países utilizaban diferentes tipos de dinero y mediciones, y Marco también tenía que aprender acerca de ellos. De lo contrario, los comerciantes podían engañarlo.

Los marineros y comerciantes que Marco conoció en los muelles de Venecia también le enseñaron sobre el comercio. Venecia era la ciudad comercial más poderosa del mundo. Su puerto tenía mucho tráfico, con barcos constantemente yendo y viniendo, y estaba en el mar Adriático.

Venecia no era como la mayoría de las ciudades. Era un grupo de 118 pequeñas islas unidas por canales.

Marco y su familia viajaban por los canales en botes largos con forma de canoa llamados góndolas.

En aquel entonces Italia no era un país, era un grupo de ciudades-estado. Cada ciudad-estado se gobernaba a sí misma. Venecia era una de las más grandes, con hasta cien mil personas.

Venecia vendía sus productos—madera, trigo y sal—en tierras extranjeras. La sal era muy valiosa en aquellos días y mucha de ella era arrastrada hasta las costas de Venecia. Como no había refrigeradores, la sal se utilizaba para que el pescado y la carne no se pudriera. Sin sal, se echaban

a perder en una semana. Sin embargo, salados, estos alimentos podían durar meses. Esto era muy importante para los viajes largos en el mar.

Mientras Marco crecía, su padre y su tío seguían viajando. En el año 1260 estuvieron en Constantinopla (que ahora es Estambul, Turquía). Ahí vendieron la mercancía que habían traído de Venecia. Se les pagó con joyas.

Después de cruzar el Mar Negro, viajaron hacia el este a lo largo del río Volga. En la ciudad comercial de Bolgara visitaron a un gobernante mongol llamado Berke Kan. La palabra *kan* significa "gobernante". A cambio de sus joyas, Berke dio a los Polo mercancía que valía el doble. Las cosas iban bien.

Por desgracia, comenzó una guerra entre Berke y otro dirigente mongol que se llamaba Hulagu. Ambos eran nietos de un caudillo llamado Gengis Kan, quien había muerto hacía más de treinta años.

Los Polo estaban listos para regresar a casa, pero la ruta de regreso a Venecia estaba bloqueada por la guerra. Como no podían ir hacia el oeste, decidieron ir hacia el este a la ciudad de Bukhara, en Uzbekistán. Estuvieron atrapados allí durante tres años.

Luego, en 1265, Hulagu envió unos mensajeros a China para visitar a su hermano, Kublai Kan. Kublai y los otros kanes venían de la zona marcada

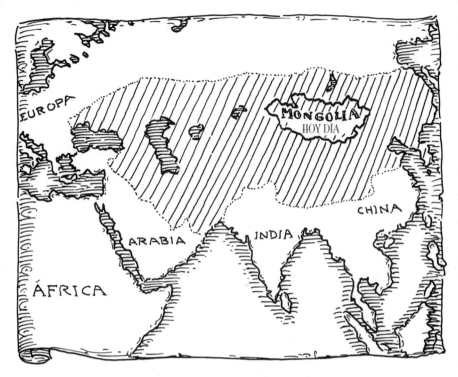

EL IMPERIO MONGOL ERA MUCHO MÁS GRANDE QUE MONGOLIA HOY EN DIA. LA ZONA RAYADA MUESTRA LO GRANDE QUE ERA EN 1259

con rayas en el mapa de Mongolia. A la gente de Mongolia se le llamaba mongoles.

Los mensajeros de Hulagu se encontraron con los Polo y los invitaron a seguir con ellos. Los Polo accedieron. Esta fue una decisión valiente. Pocos europeos habían estado en China, a la que llamaban Catay. En aquel entonces, pensaban que sólo había tres continentes: Europa, Asia y África. Creían que China estaba en el otro extremo del mundo. Los bandidos, las guerras, los lentos medios de transporte y las carreteras en mal estado hacían que tratar de llegar allí fuera peligroso.

A los Polo y a los mensajeros les tomó más de un año llegar al palacio de Kublai Kan en la capital

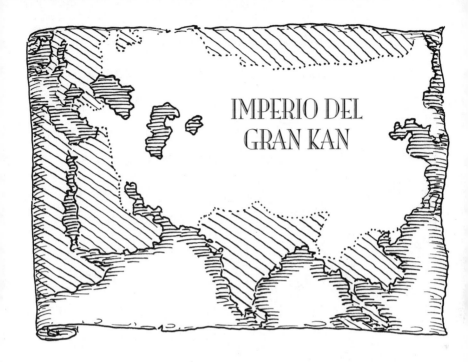

IMPERIO DEL GRAN KAN

mongola (ahora Pekín, China). Niccolò y Maffeo fueron unos de los primeros europeos que Kublai conoció. Cuando llegaron a su corte, les dio la bienvenida y les hizo preguntas acerca de Europa.

Finalmente, Kublai les pidió que le llevaran un mensaje al Papa, el jefe de la Iglesia Católica en Roma. En aquellos días, el Papa también era un líder político muy poderoso. Los Polo debían pedirle dos cosas: 1) un centenar de sacerdotes católicos que hubieran estudiado matemáticas, astronomía y otros temas; 2) un poco de un aceite sagrado que venía de una iglesia especial en Jerusalén. Se rumoraba que el aceite sagrado tenía poderes especiales; quizá

EL PAPA GREGORIO X

el kan esperaba utilizarlo contra sus enemigos.

Kublai quería que los Polo regresaran a China con estas cosas. Les dijo que si los sacerdotes podían probar que el cristianismo era la mejor religión de todas, incluso él mismo podría convertirse en cristiano. ¿Lo decía en serio? Es cierto que Kublai estaba interesado en aprender acerca de las diferentes religiones, pero también es posible que esperara que los misioneros le ayudaran a encontrar la manera de ganar poder en los territorios cristianos.

Los Polo dijeron que volverían con las cosas que Kublai había pedido. Se fueron de China y se dirigieron a su casa.

SI HUBIERAS VIVIDO EN EUROPA

- PROBABLEMENTE HABRÍAS SIDO UN CAMPESINO POBRE Y TRABAJADOR. INCLUSO LOS NIÑOS TRABAJABAN EN VEZ DE IR A LA ESCUELA. LA GENTE A MENUDO SE CASABA CUANDO ERA ADOLESCENTE.
- HABRÍAS OLIDO MAL PORQUE NO TE HABRÍAS BAÑADO MUY A MENUDO. CUANDO TE BAÑARAS, ES POSIBLE QUE LO HICIERAS AL AIRE LIBRE EN UN ARROYO O PAGARAS PARA TOMAR UN BAÑO EN UN BAÑO PÚBLICO. SI HUBIERAS TENIDO SUERTE, HABRÍAS TENIDO JABÓN. HABRÍAS UTILIZADO PEQUEÑAS RAMAS O TRAPOS COMO CEPILLO DE DIENTES. OLVÍDATE DE LA PASTA DE DIENTES.

EN LOS TIEMPOS DE MARCO POLO

- PROBABLEMENTE NO HABRÍAS SABIDO LEER NI ESCRIBIR.
- TU INODORO HABRÍA SIDO UNA OLLA SIN CADENA O PLANCA PARA DESCARGAR AGUA. EL PAPEL HIGIÉNICO HABRÍA SIDO HENO, VARILLAS O LO QUE ESTUVIERA A LA MANO. CUANDO LA OLLA SE LLENARA, SU CONTENIDO APESTOSO SERÍA TIRADO A LA CALLE JUNTO CON EL RESTO DE LA BASURA. SI HUBIERAS VIVIDO EN VENECIA, LO HABRÍAS ARROJADO AL CANAL.
- PROBABLEMENTE NO HABRÍAS VIVIDO EN UNA GRAN CIUDAD COMO LO HIZO MARCO. HABRÍAS VIVIDO EN UNA PEQUEÑA CIUDAD O EN EL CAMPO. TU CASA HABRÍA SIDO DE MADERA, PAJA, LADRILLOS DE BARRO O YESO. SI HUBIERAS SIDO RICO, HABRÍA SIDO DE PIEDRA.

Capítulo 2
Marco se va de casa

Para cuando los Polo regresaron a Italia en 1269, el Papa había muerto. Esperaron y esperaron que otro Papa fuera elegido. Dos años más tarde, en la primavera de 1271, decidieron dejar de esperar y regresar a China.

Marco tenía diecisiete años y quería ir a China también. No quería que lo dejaran. Su padre y su tío sabían que el viaje sería peligroso. Sin embargo, decidieron llevarlo.

Zarparon de Venecia hacia el mar Adriático y luego hacia el sur hasta el mar Mediterráneo. En aquellos tiempos, los marineros creían que había monstruos gigantes en el mar. Tal vez Niccolò pensaba que su hijo se asustaría y querría regresar. Pero Marco no lo hizo.

Su primera parada fue la ciudad de Acre y luego se dirigieron a Jerusalén. Para los cristianos, judíos y musulmanes, Jerusalén es una ciudad santa. Acontecimientos importantes en cada religión tuvieron lugar allí: Jesús vivió y murió en Jerusalén; el rey Salomón construyó el primer templo judío allí y el profeta islámico Mahoma subió al cielo en Jerusalén.

La propiedad de Jerusalén ha cambiado muchas veces durante los siglos. En 1099, ejércitos de caballeros cristianos conquistaron la ciudad durante campañas militares llamadas Cruzadas. Luego, en 1187, los musulmanes tomaron control de la ciudad. Jerusalén estaba todavía bajo la dominación musulmana cuando los Polo se detuvieron y tomaron una muestra del aceite especial de la iglesia. Después, partieron hacia China.

No habían andado mucho cuando se enteraron de que un nuevo Papa finalmente había sido elegido. Por suerte estaba cerca, en Acre. Los Polo fueron y le hablaron de la solicitud del kan de un centenar de sacerdotes.

El nuevo Papa escuchó. Decidió enviar algunos regalos costosos, como cristal. Pero envió sólo dos frailes en lugar de los sacerdotes. En una carta al kan, el Papa explicó que los dos frailes entrenarían a los hombres de Kublai para convertirse en sacerdotes. Luego, los nuevos sacerdotes mongoles y chinos podrían enseñar a otros acerca del cristianismo.

¿Haría este cambio enojar a Kublai Kan? Los Polo esperaban que no. Necesitaban la amistad del Kan para asegurarse de que nadie en su imperio les hiciera daño. De esa manera, podrían comprar productos chinos y llevarlos de vuelta a Europa de manera segura.

En China, no sólo tenían previsto conseguir sedas, sino también querían traer de vuelta porcelana. La porcelana es un tipo de cerámica que se hace con una arcilla blanca especial y se pinta con diseños muy lindos.

A CHINA POR TIERRA Y POR MAR

EN LA ÉPOCA DE MARCO POLO HABÍA
DOS RUTAS PRINCIPALES PARA
LLEGAR AL ESTE DE ASIA DESDE
EUROPA: LA RUTA DE LA SEDA
Y LA RUTA DE LAS ESPECIAS.
NINGUNA DE LAS DOS
ERA FÁCIL. LA RUTA DE
LA SEDA ERA DE UNAS
CINCO MIL MILLAS
DE LARGO, EN
SU MAYORÍA POR
TIERRA. LA RUTA DE LAS
ESPECIAS ERA PRINCIPALMENTE POR
MAR. CADA UNA RECIBIÓ SU NOMBRE DE LAS
COSAS QUE LOS EUROPEOS MÁS QUERÍAN DE ASIA:
SEDA Y ESPECIAS.

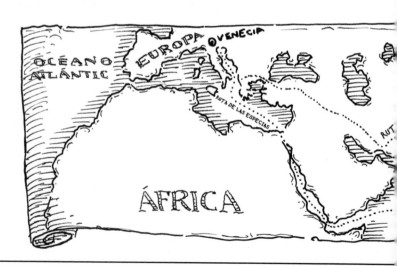

UN COMERCIANTE POR LO GENERAL VIAJABA SÓLO UNA PARTE DE ESTAS RUTAS. CUANDO LLEGABA A UNA CIUDAD, VENDÍA SUS MERCANCÍAS (MADERA, POR EJEMPLO) A OTRO MERCADER AHÍ. ESE COMERCIANTE LLEVABA LA MADERA MÁS ADELANTE EN LA RUTA A OTRA CIUDAD, DONDE ERA VENDIDA OTRA VEZ. LAS MERCANCÍAS CAMBIABAN DE MANOS VARIAS VECES ANTES DE LLEGAR A CHINA, DONDE LA MADERA SE INTERCAMBIABA POR SEDAS Y ESPECIAS. EN ESTE PUNTO COMENZABA EL VIAJE DE REGRESO.

TANTO AL IR COMO AL VENIR, CADA COMERCIANTE COBRABA UN POCO MÁS POR LAS MERCANCÍAS REVENDIDAS. DESPUÉS DE TODO, QUERÍAN OBTENER UNA GANANCIA. PARA CUANDO LAS MERCANCÍAS LLEGABAN AL FINAL DEL TRAYECTO COSTABAN MUCHO MÁS QUE CUANDO LO EMPEZARON.

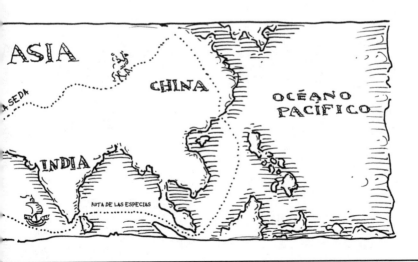

En otras partes del imperio de Kublai, los Polo esperaban encontrar diamantes, rubíes y perlas. En Turquía iban a comprar preciosas alfombras. Querían especias como la nuez moscada, la canela y la pimienta de la India y de las Islas de las Especias (ahora llamada Indonesia). De vuelta en casa, podrían vender todo y hacerse ricos.

En noviembre de 1271, los Polo y los dos frailes se dirigieron a China de nuevo. Primero

navegaron hacia el norte en el Mar Mediterráneo. Cuando trataron de desembarcar en Armenia tuvieron problemas porque los egipcios estaban atacando.

Los dos frailes se asustaron. El viaje apenas había comenzado y ya estaban en peligro, así que dieron media vuelta. Los Polo continuaron, pero ¡ahora lo único que tenían para llevarle al kan era el aceite sagrado!

EL SECRETO DE LA SEDA

LOS CHINOS HACÍAN HERMOSOS VESTIDOS DE TELA DE SEDA. COSÍAN DISEÑOS SOBRE LA SEDA CON HILO DE COLORES BRILLANTES, ¡ERAN OBRAS DE ARTE! DURANTE MILES DE AÑOS, LOS PRODUCTORES DE SEDA EN CHINA MANTUVIERON EN SECRETO SUS MÉTODOS PARA FABRICAR SEDA PERO, CON EL TIEMPO, SU SECRETO FUE REVELADO. ASÍ ES COMO SE HACE LA SEDA:

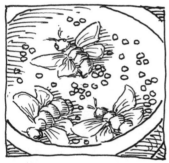

1) LAS POLILLAS DE GUSANOS DE SEDA PONEN HUEVOS.

2) DESPUÉS DE DIEZ DÍAS, LOS HUEVOS SE CONVIERTEN EN PEQUE-ÑAS ORUGAS LLAMADAS GUSANOS DE SEDA.

3) LOS GUSANOS DE SEDA COMEN HOJAS DE MORERA.

4) CUANDO UN GUSANO DE SEDA TIENE APROXIMADAMENTE UN MES DE EDAD, DISPARA UN CHORRO DE LÍQUIDO DE SU BOCA. ESTE SE ENDURECE EN UNA HEBRA DE SEDA. EL GUSANO

 ENVUELVE LA HEBRA ALREDEDOR DE SÍ MISMO CREANDO UN CAPULLO. ¡EL CAPULLO ESTÁ HECHO DE UN SOLO HILO QUE PUEDE TENER MEDIA MILLA DE LARGO!

5) LOS FABRICANTES DE SEDA DEJAN CAER LOS CAPULLOS EN AGUA HIRVIENDO PARA MATAR LA PUPA. DE LO CONTRARIO, LA PUPA PUEDE  ENCONTRAR LA MANERA DE SALIR DEL CAPULLO A MORDISCOS Y ROMPER EL CORDÓN DE SEDA. HERVIRLOS TAMBIÉN HACE QUE LA SEDA SEA SUAVE Y FÁCIL DE DESENROLLAR.

6) LOS CAPULLOS SE DESENROLLAN A MANO.

7) TRES O MÁS CORDONES DE SEDA SE TRENZAN JUNTOS PARA HACER UN HILO FUERTE.

8) LOS HILOS SE TEJEN PARA FORMAR LA TELA DE SEDA Y LUEGO SE TIÑEN DE COLORES BRILLANTES.

Capítulo 3
El largo viaje a China

En el camino a China, Marco vio lugares que le parecían muy extraños. Escribió sobre ellos en diarios. Como él era comerciante, prestó especial atención a los productos de cada zona. También señaló los peligros que había y si era fácil encontrar comida y agua. Tal vez pensó que esa información podría ayudar a otros comerciantes que viajaran a Asia después de él.

Uno de los primeros y más famosos lugares que vio fue el Monte Ararat, en lo que hoy es Turquía. Según la Biblia, este era el lugar a donde llegó el arca de Noé después de un gran diluvio. La cima de la montaña estaba cubierta de nieve todo el año. Así que Marco no le vio sentido a ir hasta allá para tratar de encontrar el arca.

Cerca del mar Caspio, Marco vio pozos naturales de petróleo por vez primera. El petróleo es usado ahora para producir gasolina. En esa época, en Europa la gente hacía fogatas, encendía velas o quemaba

aceites elaborados a partir de animales o vegetales para tener luz. Marco se sorprendió de que el aceite que vio en Asia saliera de la tierra. Él se refirió a esto como "una fuente de la cual sale aceite".

En Persia (que ahora se llama Irán), Marco vio tres tumbas famosas. Se decía que eran las tumbas de los tres reyes magos que fueron a ver al niño Jesús. Marco escribió que los tres reyes magos fueron "enterrados en tres monumentos grandes y hermosos, uno al lado del otro".

Los planes cambiaban constantemente durante el largo viaje. Los Polo fueron atacados por bandidos en Persia, pero se las arreglaron para escapar. Para evitar más enfrentamientos con bandidos, decidieron dirigirse al sur hacia el Océano Índico. Tal vez el viaje por mar sería más seguro.

Buscaron barcos en la ciudad de Ormuz en el Golfo Pérsico. Este era un gran centro comercial donde los comerciantes de la India llegaban a vender especias, perlas, seda y marfil. Marco dijo que a veces soplaba allí un viento que era "tan caliente que mataría a todo el mundo". Cuando la gente de Ormuz escuchaba que venía este viento, se lanzaban al río más cercano hasta que pasaba.

Por desgracia, los barcos en Ormuz no estaban muy bien construidos porque sus partes estaban unidas por cuerdas hechas de cáscaras de coco en vez de clavos. Los Polo decidieron que ¡viajar por tierra podría ser más seguro después de todo!

Los Polo dieron la vuelta y se dirigieron al norte, hacia la tierra que ahora es Afganistán. Ahí vieron una fabulosa mina de rubí. Vieron ovejas

salvajes con cuernos rizados de cinco pies de largo. Estas ovejas fueron llamadas más adelante *Ovis poli*, que significa "oveja de Polo".

En ese momento, Marco llevaba enfermo mucho tiempo. Oyó una leyenda que decía que respirar el aire fresco en las montañas de Afganistán curaba cualquier enfermedad. En efecto, después de descansar en esas montañas, se recuperó y siguieron el viaje.

Había muchos otros lugares interesantes en Afganistán. En la ciudad de Balkh, Marco escribió que había que estar atento a los leones. En Šibarghan encontró "los mejores melones del mundo". Las montañas de Talikan estaban hechas de sal que era "tan dura que sólo se podía romper con bastones de hierro". Marco pensaba que había suficiente sal ahí para "abastecer al mundo entero hasta el final de los tiempos". La sal valía mucho en esos tiempos, por lo que estaba impresionado. Los Polo habían recorrido cinco mil millas para cuando llegaron a la ciudad de Lop. Pero antes de llegar al palacio de Kublai Kan, tenían que cruzar el peligroso desierto de Gobi. Este desierto abarca quinientas mil millas cuadradas en el norte de China y el sur de Mongolia. Tiene montañas de arena llamadas dunas de hasta 1.250 pies de alto.

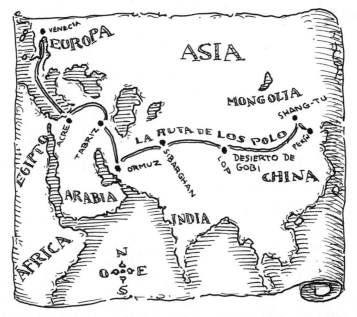

¡Tan altas como el Empire State Building en Nueva York!, sin contar su antena.

En Lop, los Polo compraron comida y mucha agua, y también contrataron camellos, que eran llamados "barcos del desierto". Si es necesario, un camello puede estar sin tomar agua hasta dos semanas y sin alimentos incluso durante más tiempo. Sus anchos pies evitan que se hunda profundamente en la arena. Sus fuertes mandíbulas le permiten comer plantas espinosas del desierto. Sus largas pestañas evitan que la arena que sopla se meta en sus ojos. Incluso pueden cerrar sus fosas nasales para mantener la arena fuera de su nariz.

Los Polo atravesaron el desierto por la noche porque los días eran demasiado calurosos. Además, las tormentas de arena del desierto de Gobi pueden matar a los viajeros.

Aproximadamente una vez al día se detenían en un oasis para descansar y comprar más provisiones.

Un oasis es un lugar en el desierto con una fuente de agua subterránea. Se habían formado pequeños pueblos alrededor de los oasis del desierto de Gobi.

Marco oyó ruidos extraños en el desierto que sonaban como gente marchando, hablando y tocando tambores. Según la leyenda, era un ejército de fantasmas. A veces la gente perseguía a los fantasmas, se perdía y moría. Los sonidos realmente eran causados por los fuertes vientos y el movimiento de las arenas.

A los Polo les tomó un mes cruzar seiscientas millas del desierto de Gobi. En su palacio en la ciudad de Shang-tu, Kublai Kan se enteró de que los Polo estaban regresando. (Shang-tu estaba en

la actual provincia de Hebei, en China). Envió guías para traerlos a su palacio. Y así, los Polo siguieron adelante a través de lo que hoy son las provincias de Gansu, Shaanxi, Shanxi y Ningxia Hai.

Después de un viaje tan largo, Marco quizás se haya preguntado si alguna vez conocería al poderoso líder mongol del que tanto había oído hablar.

Capítulo 4
El gran Kublai Kan

Unos días más tarde, los Polo llegaron al palacio en Shang-tu. Después de tres años y medio de viaje, Marco finalmente conoció a Kublai Kan.

Marco escribió que "hubo gran regocijo en la Corte debido a su llegada". Ellos "fueron recibidos con atención y honores por parte de todos". El kan estaba contento con las cartas y los regalos del Papa. Se alegró de ver a los Polo y no estaba enojado de que no hubiera venido ningún sacerdote con ellos.

Marco tenía veintiún años en ese momento. El kan tenía casi tres veces su edad. Marco dijo que tenía los ojos negros, la piel pálida y era de estatura media. Estaba muy impresionado por la riqueza y los palacios del kan.

KUBLAI KAN

El palacio de verano del kan estaba hecho de mármol blanco. Estaba decorado con oro y rodeado por un muro de dieciséis millas.

PALACIO DE INVIERNO

Dentro de las murallas había hermosos jardines donde pastaban diez mil caballos blancos. ¿Diez mil caballos? Según Marco, los había. Kublai montaba su caballo por el parque, seguido por otro caballo con un leopardo mascota en su espalda.

En invierno, el Kan vivía en otro palacio que se encontraba justo al norte de lo que ahora es Pekín, la capital de la actual República Popular

China. Los Polo también visitaron el palacio de invierno. Sus habitaciones estaban decoradas con esculturas de oro y pinturas de dragones, bestias, caballeros y pájaros. Su comedor era lo suficientemente grande para seis mil personas... por lo menos, eso es lo que dijo Marco. Otras habitaciones contenían ricos tesoros que nadie más que el kan podía ver.

Alrededor del palacio había un parque bellísimo lleno de ciervos, gacelas y otros animales. Cada vez que Kublai veía un árbol interesante en algún lugar de su imperio, hacía que fuera arrastrado por elefantes hasta ese parque para que él pudiera plantarlo ahí. Muros de una milla de largo con torres de vigilancia en cada esquina rodeaban este palacio. La puerta mayor de la muralla sólo se abría para que pasara el propio kan.

Cada primavera, Kublai se iba de casería, aunque él mismo no cazaba. Sus sirvientes lo hacían mientras él observaba desde una gran tienda

de campaña. Marco dijo que en la cacería había cinco mil perros de caza y diez mil halconeros. Los halconeros eran hombres que llevaban halcones (grandes aves de presa) que atacaban a otros animales cuando se les dejaba volar.

Kublai Kan hacía todo a lo grande, incluso su familia era muy grande. Tuvo cuatro esposas principales y cuarenta y siete hijos. Nadie sabe cuantas hijas tuvo.

Su esposa favorita se llamaba Chabi. Ella lo ayudó a comprender las costumbres de la gente que gobernaba

CHABI

para poder ser un mejor líder. Kublai había sido el gobernante del imperio mongol durante quince años cuando Marco lo conoció. (Había otros kanes en Asia, pero Kublai era el jefe de todos ellos).

A diferencia de la mayoría de los guerreros, Kublai no trató de forzar a los pueblos conquistados a cambiar de religión. De hecho, hizo todo lo contrario. Les dijo a los líderes de diferentes religiones que *su* religión era su favorita. Eso los hacía felices y por eso no trataban de derrocarlo.

Kublai Kan estudió las enseñanzas de Jesús y de Buda. Contrató musulmanes para trabajar en su gobierno. También respetaba las reglas de un filósofo chino llamado Confucio, quien nació en el año 551 a. de C. Confucio enseñó que las personas debían tratar a los demás como a ellos mismos les gustaría ser tratados. Él también enseñó que todos debían ser educados, no sólo la gente rica. Esta era una idea muy inusual en aquella época.

El abuelo de Kublai Kan, Gengis, ya había conquistado el norte de China. En 1279—cuatro años después de que llegaran los Polo—Kublai conquistó el sur de China. Esta fue su mayor victoria militar.

Kublai se hizo aún más rico cobrando impuestos a las ricas ciudades del sur de China y de sus nuevas tierras. Marco lo llamó "el más poderoso de los hombres en súbditos, tierras y tesoros que hay en la tierra".

MEDITERRÁNEO

EGIPTO

ARABIA

IMPERIO MONGOL
DESPUÉS DE LA MUERTE
DE KUBLAI KAN

MAR DE
CHINA

INDIA

OCÉANO ÍNDICO

A pesar de que Kublai había asesinado a muchas personas y tomado sus tierras, Marco pensó que era un gobernante justo.

Cuando los agricultores tenían una mala cosecha no tenían que pagar impuestos. Las personas hambrientas eran alimentadas de forma gratuita con maíz, trigo, arroz y otros granos que se tenían almacenados.

Marco escribió que Kublai Kan era: "el hombre más sabio y más capaz en todos los aspectos, el mejor gobernante de sus súbditos y del imperio, y el hombre más distinguido entre todos los que han existido alguna vez en la historia" de su gente.

GENGIS KAN
(1162–1227)

GENGIS KAN ERA EL ABUELO DE KUBLAI
KAN. FUE UNO DE LOS LÍDERES MILITARES
MÁS HÁBILES Y TEMIDOS DE LA HISTORIA.

EN 1206 UNIÓ A LOS NÓMADAS MONGOLES
EN UN EJÉRCITO. UN AÑO MÁS TARDE,
LOS LIDERÓ EN LA PRIMERA DE MUCHAS
INVASIONES SANGRIENTAS A PUEBLOS
VECINOS. EN CINCUENTA AÑOS, SU EJÉRCITO
HABÍA CONQUISTADO DOS TERCERAS PARTES
DE ASIA. SU IMPERIO CRECIÓ PARA INCLUIR
PARTES DE RUSIA, IRAK, IRÁN, AFGANISTÁN
Y EL NORTE DE CHINA.

SUS GUERRAS ERAN CRUELES Y
SUS LEYES ESTRICTAS. SE APODERABA
DE CUALQUIER CIUDAD QUE QUISIERA.

ALGUNAS VECES ROBABA SUS
RIQUEZAS Y LUEGO LAS
QUEMABA. LA GENTE TEMÍA
QUE LA MATARAN SI LO
ENFRENTABAN, POR LO QUE
ALGUNOS SE RENDÍAN SIN
LUCHAR.

DESPUÉS DE SU
MUERTE, OTROS KANES
TOMARON POSESIÓN DE
LAS TIERRAS QUE HABÍA
CONQUISTADO. CON EL
TIEMPO, KUBLAI KAN SE
CONVIRTIÓ EN UNO DE
ESOS GOBERNANTES.

Capítulo 5
Marco trabaja para el kan

A Kublai Kan le caía bien Marco porque era inteligente y divertido. Según Marco, en los próximos diecisiete años fue enviado en misiones a diferentes áreas del imperio mongol.

Marco nunca dijo exactamente lo que el kan le pidió que hiciera en estas misiones. Pero sí dijo que hizo un buen trabajo.

Parece que parte de su trabajo era husmear. Después de cada misión, le entregaba al kan un informe de lo que había hecho y visto. Estos vívidos

informes entretenían a Kublai. Eran mucho más interesantes que los simples hechos informados por los otros hombres del Kan. Marco tomaba notas mientras viajaba. Así, llevó interesantes historias de tierras lejanas a la corte de Kublai. Escribió que trató de "reunir conocimientos de todo lo que le pudiera interesar al kan". Parecía que Marco tenía un futuro brillante trabajando para Kublai Kan.

En su libro, las historias de Marco no parecen tan entretenidas a los lectores modernos. Pero la gente escribía en un estilo mucho más formal en aquel entonces. Una historia de la que Marco escribió fue el día en que vio lo que él pensaba que era una serpiente enorme de quince pies de largo; dijo que cada una de sus piernas

tenía tres garras y ¡que sus mandíbulas podían tragarse a una persona! Resultó ser un cocodrilo.

Marco nunca había visto el carbón, por lo que se sorprendió al ver a la gente quemar rocas negras.

Los mongoles tuvieron uno de los primeros sistemas de correo a caballo. Marco quedó impresionado por la rapidez con que Kublai podía enviar un mensaje. A lo largo de los principales caminos que atravesaban las tierras del kan había diez mil estaciones con una distancia de unas treinta millas entre cada una de ellas. Un mensajero podía descansar en una estación, conseguir un nuevo caballo y continuar llevando las noticias. Desde cada estación, mensajeros llevaban a pie a las aldeas cercanas las noticias que traían los jinetes.

Los mongoles habían destruido algunas ciudades que Marco había visitado. Muchos pueblos de la región del Tíbet habían sido hermosos. Sin embargo, cuando Marco llegó allí, la gente se había ido. Sólo tigres y otros animales salvajes vagaban por las ruinas, ¡era muy peligroso!

Marco vio el papel moneda por primera vez en China. El papel había sido inventado en China alrededor del 105 d.C., más de mil años antes de la llegada de Marco. Al principio se usaron

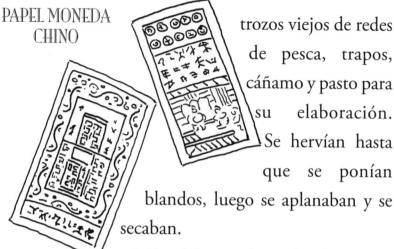

PAPEL MONEDA CHINO

trozos viejos de redes de pesca, trapos, cáñamo y pasto para su elaboración. Se hervían hasta que se ponían blandos, luego se aplanaban y se secaban.

Más adelante, el papel se hacía con corteza. Marco escribió que el papel moneda se hacía de la corteza del "árbol de la morera, cuyas hojas son el alimento de los gusanos de seda...". Mientras más grande era el trozo de papel moneda, más valía.

En los tiempos de Marco, en la mayor parte de Europa, la gente no sabía cómo hacer papel. No tuvieron papel moneda hasta el año 1600. Marco decidió que el papel moneda era mejor que las pesadas monedas utilizadas en Venecia.

LA IMPRESIÓN EN CHINA

LOS IMPRESORES CHINOS DIBUJABAN LOS DISEÑOS EN PAPEL QUE LUEGO ERAN TALLADOS EN BLOQUES DE MADERA. DESPUÉS, SELECCIONABAN TIPOS MÓVILES DE UNA BANDEJA DE CARACTERES DE ARCILLA Y LUEGO LOS DISPONÍAN EN UN BASTIDOR DE HIERRO Y LOS MANTENÍAN EN SU LUGAR CON CERA.

A CONTINUACIÓN, PONÍAN TINTA EN EL BLOQUE O MARCO Y PRESIONABAN SOBRE EL PAPEL PARA HACER MÚLTIPLES COPIAS.

En lugar de papel, los libros europeos eran escritos a mano sobre pergamino o papel vitela, que eran hojas hechas de piel de oveja, ternera, cerdo o cabra. Era más difícil y más caro de hacer que el papel. Los chinos imprimían libros y dinero presionando con la mano el papel contra letras o imágenes cubiertas de tinta, talladas en bloques de madera de peral. La impresión en madera era más rápida que escribir a mano. Pero hacer un libro era todavía muy lento.

En China, Marco quedó muy sorprendido por una explosión, la más fuerte que jamás había oído: era el sonido de la pólvora explotando. Muchos siglos atrás, los chinos habían inventado la pólvora, pero los europeos no sabían que existía. En mediados de 1200, un inglés llamado Roger Bacon descubrió la manera de hacer pólvora, probablemente después de estudiar un petardo chino. La primera pistola conocida se fabricó en China en 1288. Las pistolas fueron utilizadas en Europa desde 1314.

Capítulo 6
Feroces guerreros mongoles

Marco describe muchas batallas mongolas en su libro. Fue testigo de algunas de ellas y de otras sólo oyó hablar.

Una de las más largas batallas de Kublai Kan había terminado dos años antes de que Marco llegara a escribir sobre ella. Fue un ataque a una ciudad a lo largo del río Han que comenzó en 1268.

La ciudad fue construida como una fortaleza, con un muro a su alrededor. Los comandantes de Kublai no podían pasar al otro lado de los muros para atacar, así que formaron un círculo alrededor de la ciudad con soldados, barcos y una pared de tierra y barro. La gente no podía pasar más allá de ellos para conseguir provisiones.

Los comandantes de Kublai trataron de atacar la ciudad varias veces. Cada vez hubo una sangrienta batalla, pero ninguno de los dos bandos se rendía. Esto se prolongó durante cinco años.

Finalmente, Kublai envió a dos ingenieros para ayudar a conquistar la ciudad. Afuera de las murallas, construyeron unas catapultas muy altas llamadas *mangoneles*. El nombre mangonel viene de una palabra que significa "máquina de guerra".

MANGONEL

El mangonel lanzaba piedras gigantes, dardos, alquitrán ardiendo e incluso caca sobre las paredes de la ciudad. Si un animal moría de alguna enfermedad, ¡también disparaban su cuerpo sobre el muro! Tenían la esperanza de transmitir tantas enfermedades entre las personas que estaban en el interior que tendrían que rendirse. Y al final lo hicieron.

Kublai intentó dos veces conquistar Japón, pero nunca lo logró. Esto sorprendió a los europeos y los asiáticos, quienes empezaban a pensar que el feroz ejército mongol no podía ser derrotado.

A los mongoles les gustaba organizar ataques sorpresa cada vez que era posible. Al principio eran muy silenciosos y utilizaban banderas o linternas para comunicarse. A veces disparaban flechas silbadoras como señales entre ellos. Cuando llegaba el momento de que las tropas atacaran, un comandante decía a sus músicos que tocaran grandes tambores.

Un guerrero mongol luchaba con espadas,
lanzas, hachas e incluso lazos. Pero su principal
arma era su arco y sus flechas de caña hueca.
Debido a que el arco era corto, un soldado podía

disparar fácilmente mientras montaba a caballo. Además, podía disparar flechas el doble de rápido que con los arcos utilizados en Europa. El arco mongol daba en el blanco con mayor frecuencia también. Sin embargo, se necesitaba más fuerza para disparar una flecha con el arco mongol.

Los guerreros mongoles eran muy buenos jinetes. En los viajes largos, cada uno llevaba varios caballos de piernas cortas y poderosas. Cuando un caballo se cansaba, su jinete se cambiaba a otro diferente. A veces los mongoles cabalgaban día y noche, ¡comían y dormían mientras cabalgaban! Sin embargo, sólo fueron capaces de conquistar tierras en donde crecía pasto porque sus caballos lo necesitaban para comer.

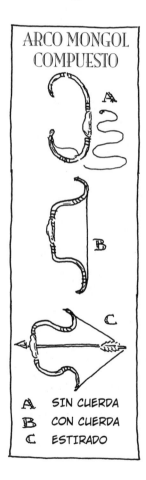

ARCO MONGOL
COMPUESTO

A
B
C

A   SIN CUERDA
B   CON CUERDA
C   ESTIRADO

ARQUERO
MEDIEVAL

Cuando Kublai Kan envejeció no pudo cabalgar más. En 1287, uno de sus familiares trató de derrocarlo. Kublai y sus tropas fueron al río Liao para luchar contra él. Pero Kublai estaba tan cansado que sólo pudo observar desde una torre de madera sostenida por cuatro elefantes cómo sus soldados derrotaron a su pariente.

SI HUBIERAS SIDO MONGOL

- HABRÍAS SIDO UN NÓMADA QUE PASTOREABA OVEJAS, CABRAS O GANADO.

- PROBABLEMENTE HABRÍAS VIVIDO EN UNA GRAN TIENDA DE CAMPAÑA LLAMADA *YURTA*.

EN LOS TIEMPOS DE MARCO POLO

- HABRÍAS BEBIDO LECHE DE YEGUA Y COMIDO CARNE. NUNCA HABRÍAS VIVIDO EN UN LUGAR EL TIEMPO SUFICIENTE PARA CULTIVAR UN HUERTO, POR LO QUE HABRÍAS TENIDO QUE ENCONTRAR BAYAS SILVESTRES, NUECES Y VEGETALES PARA COMER.
- LE HABRÍAS REZADO A VARIOS DIOSES DOMÉSTICOS, PERO HABRÍAS CREÍDO EN UN SER SUPREMO.
- TU POSESIÓN MÁS VALIOSA HABRÍA SIDO TU CABALLO. ROBAR UN CABALLO ERA CASTIGADO CON LA MUERTE.

Capítulo 7
Atrapado

Marco tenía más de treinta y cinco años y había pasado la mitad de su vida en China. Él, su padre y su tío tenían un tesoro de joyas y oro.

Kublai Kan tenía setenta y tantos años entonces. En aquella época muy poca gente vivía tanto tiempo. En sus últimos años, el kan se enfermó. Los Polo estaban preocupados de que pudiera morir.

Algunos mongoles estaban celosos de Marco porque le caía bien al kan y confiaba mucho en él. Una vez muerto Kublai, ¿sería Marco encarcelado o asesinado?

Varias veces en los últimos años, los Polo habían preguntado al kan si se podían ir de China. A él le gustaba tenerlos a su alrededor, por lo que siempre les había dicho que no. Marco estaba atrapado. Viajar de vuelta a Italia habría sido demasiado peligroso sin la protección del kan.

Pero en 1291, los Polo tuvieron suerte. Una princesa mongola de diecisiete años debía ser

LA PRINCESA KOKACHIN

enviada a Persia para casarse. En esos días las mujeres no viajaban solas, por lo que la princesa necesitaba muchos guardias y compañeros. Sus guardias pensaban que un viaje por tierra sería muy difícil para ella. Querían viajar por mar. Marco acababa de regresar de un viaje a la India. Ya que él conocía la ruta, sería el guía perfecto.

El kan tenía que tomar una decisión difícil. Quería estar seguro de que la princesa llegaría sana

y salva, pero no quería que Marco y los otros se fueran. Sin embargo, finalmente accedió a que ellos guiaran a la princesa.

Para el viaje, Kublai dio a los Polo trece barcos con seiscientos sirvientes y miembros de tripulación a bordo. También les dio mensajes para entregar a los reyes de Francia, Inglaterra y España.

Para proteger a los viajeros, Kublai dio a los Polo dos tabletas de oro. Cada una tenía cerca de un pie de largo y cuatro pulgadas de ancho. Un mensaje escrito en ellas ordenaba a todos quienes se cruzaran en su camino ayudarles. Si no lo hacían, ¡Kublai se encargaría de que fueran condenados a muerte!

¡POR LA FUERZA DEL CIELO ETERNO! ¡QUE EL NOMBRE DEL KAN SEA SAGRADO! ¡QUIEN NO LE HAGA REVERENCIA SERÁ ASESINADO Y DEBERÁ MORIR!

SI HUBIERAS SIDO CHINO EN

- TU CASA PROBABLEMENTE HABRÍA ESTADO CONSTRUIDA DE BAMBÚ Y MADERA.
- HABRÍAS COMIDO LOS ALIMENTOS QUE CULTIVARAS, COMO EL ARROZ, EL TRIGO O LA SOYA.
- TU RELIGIÓN HABRÍA SIDO EL BUDISMO O EL TAOÍSMO. EL BUDISMO COMENZÓ EN LA INDIA ALREDEDOR DEL 500 A.C. Y LUEGO SE EXTENDIÓ A CHINA. EL BUDISMO ENSEÑA QUE UNA VIDA BIEN EQUILIBRADA AYUDA A UNA PERSONA A ENCONTRAR LA FELICIDAD. LA RELIGIÓN TAOÍSTA COMENZÓ EN CHINA

LOS TIEMPOS DE MARCO POLO

HACE UNOS DOS MIL
QUINIENTOS AÑOS.
LA PALABRA *TAO*
SIGNIFICA "CAMINO".
TAI CHI CHUAN
ES UN EJERCICIO
DE LA MENTE
Y EL CUERPO
QUE SE BASA
PRINCIPALMENTE EN
LAS ENSEÑANZAS
TAOÍSTAS.

BUDA

• HABRÍAS RESPETADO
LAS ENSEÑANZAS DEL
FILÓSOFO CONFUCIO.

Capítulo 8
La entrega de la princesa prometida

Las tabletas de oro de Kublai funcionaron casi como un hechizo, protegiendo a los Polo en su viaje de regreso a casa. Marco escribió más tarde que a lo largo de las tierras del kan "fueron abastecidos de caballos y provisiones" y les "dieron doscientos jinetes" para acompañarlos y garantizar su seguridad de un distrito a otro.

Los Polo navegaron por el Mar de China, pasando por Vietnam. Fuertes lluvias llamadas monzones les obligaron a desembarcar en la isla de Sumatra, donde se quedaron durante cinco meses. Los caníbales—personas que comían carne humana—trataron de atacarlos.

Marco estaba sorprendido por las cosas insólitas que vio en Sumatra. En sus diarios

escribió que probó una nuez que era "del tamaño de la cabeza de un hombre". Era un coco.

Escribió que vio a un unicornio. Un unicornio es un animal mítico. Se dice que es blanco, con un cuerno largo y blanco que sale de su frente. Lo que en realidad vio Marco fue un rinoceronte.

También afirmó que vio a unas "personas" pequeñas y peludas como simios llamadas *orang pendeks*. ¿Fueron reales estos seres? Nadie sabe a ciencia cierta.

Sin embargo, aún hoy en día algunas personas afirman haber encontrado restos de su piel.

En la isla de Sri Lanka, cerca de la punta sur de la India, Marco conoció a un rey que poseía el rubí más grande del mundo. Era tan largo como la palma de su mano y tan ancho como su brazo.

A lo largo de la costa de la India vieron buzos buscando perlas, quienes eran contratados por comerciantes. También contrataban magos

para lanzar un hechizo sobre el océano que supuestamente evitaba que los buzos fueran devorados por tiburones.

Su viaje por mar demoró veintiséis meses, es decir, más de dos años. Para cuando Marco desembarcó en Ormuz, todos excepto ocho de los seiscientos miembros de la tripulación estaban muertos. Nunca explicó la forma en que murieron, así que nadie sabe qué pasó con ellos. Probablemente murieron a causa de enfermedades, tormentas o ataques de piratas y bandidos. O tal vez nunca hubo seiscientos tripulantes.

Cuando finalmente desembarcaron en Persia, recibieron malas noticias: el novio de la princesa había muerto. Sin embargo, se llevó a cabo una boda. La princesa se casó con el hijo del difunto.

Luego llegó una noticia aún peor: el gran Kublai Kan también había muerto. Ahora Marco nunca podría regresar a China. Sin la protección del kan, viajar por Asia no era seguro.

Los Polo se dirigieron a Venecia, viajando en camello, barco y a pie. En Turquía fueron asaltados. Marco no dijo cuantas de sus riquezas perdieron ni tampoco por qué tardó más de un año en recorrer una distancia tan corta.

En total les tomó tres años y medio viajar de China a Italia. ¡Hoy en día ese viaje se puede hacer en avión en menos de un día!

Capítulo 9
De nuevo en casa

Cuando los Polo finalmente llegaron a casa en 1295, sus familias no los reconocieron. Después de todo, habían estado lejos de Venecia durante veinticuatro años.

Su piel estaba bronceada por el sol del desierto. Sus ropas estaban sucias y harapientas. No parecían ricos comerciantes. Algunas personas no creían que en realidad *fueran* los Polo.

Pocos días después de su regreso hubo una fiesta. Una vez que todos habían comido, los Polo sacaron las ropas que habían usado en el viaje a casa desde China. Arrancaron las costuras con cuchillos. ¡Cayeron rubíes, diamantes y otras joyas!

Aunque ahora la gente creía que eran los Polo, no todo el mundo creía que los cuentos de sus viajes

fueran verdad. Las historias de Marco parecían una locura a las personas que nunca habían estado fuera de Italia. Por ejemplo, cuando dijo que había visto un unicornio, los otros venecianos se rieron de él.

Muy pronto, Marco se acomodó nuevamente en la vida de comerciante. Probablemente no era tan emocionante como trabajar para el kan.

Casi de inmediato, estalló la guerra entre Venecia y otra ciudad-estado italiana llamada Génova. Estas dos ciudades-estado tenían una historia de luchas porque ambas querían ser la más poderosa de Europa.

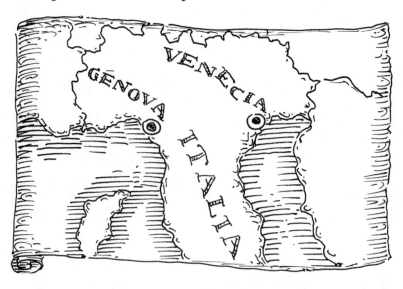

Marco se convirtió en el "comandante caballero" de un barco veneciano. Aunque suena como un título importante, un capitán más experimentado estaba realmente al mando.

En 1298 los barcos de Génova navegaron hacia el sur alrededor de la bota de Italia y luego giraron hacia el norte en el Mar Adriático. Planeaban atacar la marina de Venecia, la más grande de Europa. Habían comenzado con cerca de noventa y cuatro barcos. Dieciséis barcos se habían perdido en el camino en una tormenta.

Venecia supo que la marina de Génova venía en camino y envió noventa y cinco barcos a luchar contra ellos.

Las dos armadas se encontraron en el Mar Adriático. Por un momento parecía que Venecia iba a ganar. Pero entonces, los dieciséis barcos perdidos de Génova aparecieron para unirse a la lucha y los barcos de Venecia fueron derrotados en un solo día. La marina de Génova capturó cerca de siete mil venecianos, ¡incluyendo a Marco!

BATALLAS NAVALES

EN EL SIGLO XIII, GÉNOVA Y VENECIA TENÍAN
PODEROSAS ARMADAS. VIAJABAN POR LOS MARES
EN BARCOS DE MADERA LLAMADOS GALERAS.

UNA GALERA ERA ESTRECHA, POR LO GENERAL
DE ALREDEDOR DE CIENTO CINCUENTA PIES DE
LARGO, PERO SÓLO ENTRE DIECISÉIS Y VEINTICINCO
PIES DE ANCHO. TENÍA ALGUNAS VELAS PERO ERA
EN SU MAYORÍA IMPULSADA POR HOMBRES.

UN CENTENAR DE REMEROS SE SENTABA EN
BANCOS QUE ESTABAN PUESTOS EN FILAS A
LO LARGO DE CADA LADO DE LA GALERA. TRES
HOMBRES SE SENTABAN EN CADA BANCO. CADA
HOMBRE REMABA UN REMO DIFERENTE QUE ERA
DE UNOS TREINTA PIES DE LARGO. TENÍAN QUE
HACER BIEN SU TRABAJO PARA QUE LOS REMOS
NO CHOCARAN ENTRE SÍ.

PODÍA HABER SEIS DOCTORES EN UNA GALERA, PERO ¡SÓLO HABÍA UN COCINERO! HABÍA AL MENOS VEINTE MÚSICOS. DURANTE UNA BATALLA TOCABAN TAMBORES Y HACÍAN SONAR TROMPETAS, CON LA ESPERANZA DE ASUSTAR AL ENEMIGO.

LA TRIPULACIÓN DE UNA GALERA LLEVABA CASCO Y ARMADURA, Y PELEABA CON LANZAS, ESPADAS Y BALLESTAS. DISPARABAN FLECHAS ENCENDIDAS CON FUEGO HACIA LAS VELAS DE UN BARCO ENEMIGO. A VECES TIRABAN UN POLVO LLAMADO CAL A LOS SOLDADOS ENEMIGOS PARA QUEMARLES LOS OJOS Y LA PIEL.

FUE MÁS DE CIEN AÑOS DESPUÉS DE LA MUERTE DE MARCO QUE LOS BUQUES TUVIERON POR PRIMERA VEZ CAÑONES.

Capítulo 10
El famoso libro

Marco fue encerrado en una cárcel de Génova durante unos diez meses. No había mucho que hacer y los otros prisioneros venecianos probablemente estaban aburridos. Por suerte, Marco era un buen narrador y los entretenía con cuentos de sus viajes.

Un escritor llamado Rustichello se encontraba en la misma prisión que Marco. Pensó que las historias de Marco eran muy interesantes, por lo que ofreció ayudarlo a convertirlas en un libro. Fue una buena manera de pasar el tiempo. Los dos hombres comenzaron a escribir.

Marco contaba sus historias en voz alta, mientras que Rustichello las escribía. Marco no podía recordar todo y decidió que necesitaba los

diarios que había
escrito en Asia.
Su padre se los
envió a la cárcel.

Nadie sabe
cuánto modificó
Rustichello las
historias de
Marco. El libro
está escrito en
diferentes estilos y probablemente eso dependa de
cuál de los dos hombres haya escrito cada parte.
Anteriormente, Rustichello había escrito algunos
libros de aventuras de caballeros nobles. Es probable
que Rustichello tratara de hacer las historias de
Marco extra-dramáticas. Después de que Venecia y
Génova firmaran un tratado de paz en 1299, Marco
fue puesto en libertad. Regresó a Venecia con el
libro que habían escrito Rustichello y él.

Marco tituló su libro *La descripción del mundo*. Más tarde fue llamado *Los viajes de Marco Polo*. Se divide en una introducción y cuatro partes principales.

La introducción contaba a los lectores que los Polo hicieron dos viajes a China y conocieron a Kublai Kan. La primera parte se trataba del viaje de Marco a través de Asia hacia China.

La segunda parte describía el imperio de Kublai. La tercera parte hablaba de Japón (que Marco nunca visitó) y el viaje a casa de Marco desde China a Venecia. La cuarta parte no era realmente acerca de sus viajes. Describía las guerras mongolas.

En su libro, Marco no escribió mucho sobre lo cotidiano, las conversaciones que tuvo o los amigos que hizo en Asia. Estas cosas serían muy interesantes para los lectores de hoy, pero Marco no creyó que a los lectores de su época les interesaría esa información.

Los viajes de Marco Polo es sobre todo un libro de geografía que habla de las tierras que los Polo visitaron. Tan sólo cincuenta y cinco años después de la muerte de Marco, su libro fue utilizado para ayudar a crear un famoso mapa del mundo.

La versión original que escribieron Marco y Rustichello en la cárcel no ha sido encontrada y nadie sabe cuántas copias del libro fueron hechas. En la época de Marco, los libros eran escritos a mano por monjes que vivían en monasterios, quienes usaban lapiceras hechas con plumas de ganso. Tomaba entre tres meses y tres años hacer un libro con ilustraciones, así que no había muchos libros.

Alrededor de ciento cincuenta copias manuscritas del libro se encuentran ahora en museos y otras colecciones. No hay dos copias exactamente iguales.

La primera imprenta eficaz fue inventada en la década de 1440. En 1477, el popular libro de Marco fue impreso por una máquina por primera vez. Los primeros ejemplares fueron impresos en alemán. Pronto, el libro fue

reimpreso en inglés, español y casi cualquier otro
idioma europeo. ¡No es de extrañar que Marco Polo
se hiciera famoso! El libro se sigue imprimiendo
y actualmente se pueden encontrar ejemplares en
muchas bibliotecas.

LA NUEVA IMPRENTA DE GUTENBERG

UNOS 120 AÑOS DESPUÉS DE LA MUERTE DE MARCO, UN ALEMÁN LLAMADO JOHANNES GUTENBERG (1390-1468) INVENTÓ UNA NUEVA FORMA DE IMPRESIÓN. ÉL CREÓ UN TIPO DIFERENTE DE IMPRESIÓN QUE UTILIZABA LETRAS DE METAL SEPARADAS, QUE SERVÍAN PARA FORMAR PALABRAS Y ORACIONES. ANTES DE GUTENBERG, UN FRAGMENTO DE TEXTO COMPLETO SE GRABABA EN UN PEDAZO DE METAL QUE SE LLAMABA PLACA Y TODAS LAS PALABRAS SE IMPRIMÍAN JUNTAS A LA VEZ. ERA UN PROCESO QUE CONSUMÍA MUCHO TIEMPO. Y NINGUNA DE LAS PALABRAS EN EL TEXTO SE PODÍA UTILIZAR POR SEPARADO. PERO LAS LETRAS INDIVIDUALES DE GUTENBERG ERAN UTILIZADAS PARA HACER PALABRAS QUE SE PODÍAN ORDENAR RÁPIDAMENTE EN LÍNEAS Y FORMAR UNA PÁGINA. LAS LETRAS ERAN REUTILIZABLES.

LOS PRIMEROS LIBROS QUE HIZO EN SU IMPRENTA FUERON BIBLIAS. COMENZÓ A IMPRIMIRLAS EN 1452. DESPUÉS DE QUE LAS PÁGINAS FUERON IMPRESAS, LAS ENVIÓ A UN TALLER DE ENCUADERNACIÓN, DONDE FUERON PEGADAS Y COSIDAS POR UN LADO PARA FORMAR UN LIBRO.

GRACIAS A GUTENBERG SE PUBLICARON MÁS LIBROS EN LOS SIGUIENTES CINCUENTA AÑOS QUE LOS QUE SE HABÍAN PRODUCIDO EN LOS MIL AÑOS ANTERIORES. UNA VEZ QUE LOS LIBROS FUERON MÁS BARATOS Y MÁS FÁCILES DE CONSEGUIR, MÁS GENTE APRENDIÓ A LEER.

Cada vez que el libro de Marco era copiado, algunas palabras eran cambiadas. A veces era por error. Era especialmente fácil cometer errores cuando el libro era traducido a otro idioma. Otras veces, el escribano o impresor cambiaba la historia de Marco a propósito. Por ejemplo, cuando el libro fue traducido al irlandés, el impresor sabía que a sus lectores les gustaban las historias emocionantes. Él hizo cambios que pensó que les gustarían.

Capítulo 11
¿Eran ciertas las historias de Marco?

La mayoría de los historiadores cree que Marco Polo fue a China con su padre y su tío. La verdadera pregunta es: ¿cuánto de lo que dijo que vio e hizo fue exagerado, convirtiéndolo en simples cuentos?

En su libro, Marco utilizó cifras muy grandes para describir cantidades, tamaños y distancias. Dijo que la ciudad china de Hangzhou tenía doce mil puentes, pero en realidad tenía un número mucho menor. Dijo que Kublai envió un ejército de 360.000 hombres a caballo y 100.000 tropas a luchar contra sus enemigos en 1287. Pero no había suficiente comida cerca del campo de batalla para tantas tropas, ni pasto suficiente para alimentar a tantos caballos.

La mayoría de la gente que leyó por primera vez las historias de Marco nunca había viajado lejos de su casa. No sabían mucho sobre el mundo. Para ellos, las historias de Marco sobre tierras y gente extrañas parecían increíbles.

Decidieron que el libro no era más que un millón de mentiras. Esto le ayudó a ganar el apodo de "Marco Millones". Durante algún tiempo, se usó la expresión "marco polo" para decir que algo era una exageración. En los carnavales,

marionetas apodadas Marco Millones contaban historias increíbles y exageradas para hacer reír a las multitudes.

Algunas de las historias de Marco eran realmente increíbles. Por ejemplo, afirmó que en el imperio de Kublai Kan había magos que podían hacer volar vasos de vino, que podían convertir el día en noche y también un día soleado en uno lluvioso.

Hoy en día, algunas personas se preguntan por qué no escribió sobre la Gran Muralla de China en su libro. Tal vez no le sorprendió. Gran parte

de ella había sido destruida para el siglo XIII. Fue reconstruida y extendida cuando la familia Ming gobernó China desde 1368 hasta 1644.

La gente también se pregunta por qué su libro no menciona la costumbre china de beber té. Esto puede deberse a que el té era más popular en el sur de China. Marco pasó la mayor parte de su tiempo en el norte de China.

Marco escribió que él fue gobernador de una ciudad china llamada Yang-chou por tres años. Sin embargo, nunca describió su trabajo. La mayoría

de los historiadores no cree que él haya aprendido a hablar chino. Por eso, es difícil creer que Kublai lo eligiera para gobernar una ciudad china.

En China, los historiadores mantenían registros cuidadosos. Pero sólo se menciona una vez un funcionario del gobierno llamado Polo. Si Marco trabajó para el kan durante diecisiete años, ¿por qué no lo mencionan con más frecuencia? ¿Utilizó un nombre chino la mayor parte del tiempo? Tal vez, pero es raro que no haya constancia de la llegada de tres europeos a China en el siglo XIII.

¿Y qué pasó con las joyas que Marco supuestamente trajo a casa? En 1300—cinco años después de regresar de China—se casó a la edad de cuarenta y cinco años. Él y su esposa, Donata Badoer, tuvieron tres hijas: Fantina, Bellela y Moreta. Cuando Marco murió no dejó una gran fortuna a su familia. Eso hace parecer falsas sus historias acerca de su viaje a China. Sin embargo, una lista de sus pertenencias al momento de su muerte sugiere que dejó una de las tabletas de oro de Kublai Kan. Eso hace que sus historias parezcan verdaderas: ¿de quién más podría haber conseguido algo así si no del mismo kan? ¿Podría haberla comprado, robado o mandado a hacer una tableta falsa?

En cualquier caso, el libro de Marco impulsó a otros exploradores. Cristóbal Colón lo estudió y tomó notas en sus páginas. Quería llegar a

China por una ruta más rápida que la de Marco Polo. En 1492, Colón navegó desde España hacia el oeste con la esperanza de encontrar China. No se dio cuenta de que América del Norte y América del Sur cerraban el paso.

Vasco da Gama también estaba muy interesado en el libro. En 1497 encontró una nueva ruta marítima de Europa a Asia navegando alrededor

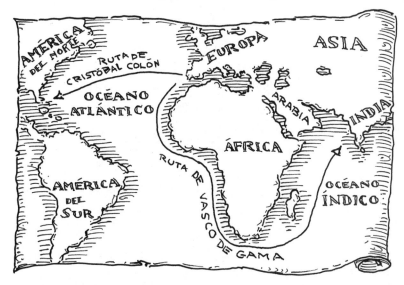

de la punta sur de África. La Ruta de la Seda no volvió a ser utilizada con tanta frecuencia después de eso.

Marco tenía sesenta y nueve años de edad cuando murió en 1324. En ese momento, la mayoría de la gente había decidido que él había inventado las historias de su libro. Al morir, sus amigos le rogaron que confesara la verdad y dijera que había mentido. Él se negó. Su respuesta hoy es famosa, les dijo: "No he contado ni la mitad de lo que vi".

CRONOLOGÍA DE LA VIDA DE MARCO POLO

1254 —— Marco Polo nace en Venecia, Italia

1260 —— Kublai Kan se convierte en gobernante del Imperio Mongol

1271 —— Marco, su padre y su tío dejan Venecia rumbo a China

1275 —— Marco conoce a Kublai Kan en su palacio de verano

1291 —— Kublai envía a Marco, su padre y su tío a escoltar a una princesa hasta Persia (actual Irán)

1294 —— Kublai Kan muere el 18 de febrero

1295 —— Los Polo llegan de vuelta a casa en Venecia

1298 —— Marco es capturado en una batalla naval y encarcelado; Rustichello le ayuda a escribir su libro

1299 —— Marco es liberado de prisión

1300 —— El padre de Marco muere; Marco se casa

1324 —— Marco muere en Venecia a la edad de sesenta y nueve años el 8 de enero

1477 —— Cerca de ciento cincuenta años después de la muerte de Marco, ejemplares de su libro son impresos en la nueva imprenta de Johannes Gutenberg

CRONOLOGÍA DEL MUNDO

Los mongoles destruyen la ciudad de Bagdad — **1258**

Nace el artista italiano Giotto — **1267**

Muere el Papa Clemente IV — **1268**

Los alemanes inventan la rueca — **1280**

En China se hace la primera pistola de la que se tiene registro — **1288**

Fin de las Cruzadas — **1291**

Una larga sequía hace que los nativos americanos Anasazi — **1300**
abandonen sus viviendas en los acantilados
de Mesa Verde, Colorado

Un escritor italiano llamado Dante Alighieri comienza a — **1308**
escribir su famoso libro *La Divina Comedia*

Wang Zhen de China desarrolla nuevas técnicas de impresión — **1313**
con sesenta mil caracteres chinos tallados en madera

Los aztecas comienzan a construir su capital — **1320**
en el territorio que ahora es México

Veintitrés años después de que muere Marco, — **1347**
una plaga llamada peste negra se propaga y mata
a un tercio de las personas en Europa

Bibliografía

Gardiner, Robert (editor). **The Age of the Galley.** Naval Institute Press, Maryland, 1995.

Krensky, Stephen. **Breaking into Print.** Little, Brown and Company, New York, 1996.

Larner, John. **Marco Polo and the Discovery of the World.** Yale University Press, Connecticut, 1999.

MacDonald, Fiona. **Marco Polo: A Journey Through China.** Franklin Watts, Connecticut, 1997.

Otfinoski, Steven. **Marco Polo: To China and Back.** Benchmark Books, New York, 2003.

Polo, Marco. Translated and edited by Colonel Sir Henry Yule. **The Book of Ser Marco Polo, Volumes 1 and 2**. John Murray, London, 1929.

Ross, Jr., Frank. **Oracle Bones, Stars, and Wheelbarrows.** Houghton Mifflin Company, Massachusetts, 1982.

Rossabi, Morris. **Khubilai Khan: His Life and Times.** University of California Press, California, 1988.